AF439013

HISTOIRE

VERITABLE DE L'EX-
CEZ ET MARTYRE DE
SAINCTE RHEYNE VIERGE:

Auec les admirables effets de l'eau de sa fontaine, enrichie de plusieurs saincts discours: le tout à la gloire de Dieu.

Par IEAN BAPTISTE DARDAVLT, *Abbé de sainct Pierre dignité en l'Eglise cathedralle d'Autun, Conseiller & Aumosnier seruant de la Royne Marguerite.*

Et dediée à la Royne regente.

A PARIS,

l'An de Grace.

M. DC. XIII.

A LA ROYNE.

MADAME,

Apres auoir fait parcourir à mon esprit tous les subiects du monde qui peuuent seruir de theatre aux plus disertes plumes, i'ay iugé que l'histoire de saincte Rheyne martyre de la foy reluisoit en eminent aduantage sur toutes sortes d'argumens; c'est pourquoy par eslite pieuse ie la dedie à vostre Majesté, sçachant que la pieté est vostre object relligieux, & qui vous faict paroistre en terre toute celeste. Ce qui prend naissance de moy est indigne de la vie & de vostre royalle estime, mais ses actions peuuent seruir de modelle aux plus parfaictes ames, & ayant pour Phare ceste belle Estoille on ne peut faillir d'arriuer par le chemin de la constance au port de la felicité. MADAME, vostre bel Esprit ne peut flairer icy l'odeur des roses du bien dire, mais les fleurs de la beatitude eternelle dont saincte Rheyne est coronnée y semét vn baume precieux, & vne si belle recompence doit conuier toutes personnes à la recherche de mesmes peynes pour auoir vn sem-

blable loyer, car la souffrâce d'vne heure est guer-
donnée de l'eternité des plaisirs. Qu'elle gloire?
qu'au lieu où le sang de ceste pauure innocente
tomba, Dieu ayt faict naistre vne fontaine, dont
l'eau miraculeuse met bien loing du tombeau
ceux qui en estoyent fort prés, en rendant la santé aux corps que toutes les forces humaines a-
uoyent defendu d'esperer : Iamais aucun malade
n'y alla s'il auoit la santé de son ame qu'il n'en ra-
portast celle de son corps, & ses effects sont si ordinaires qu'il est superflu de le dire : tant de miracles que Dieu faict voir en faueur de l'amour que
saincte Rheyne luy porta vniquement me font
iuger (MADAME) que vostre Majesté estant icy
bas vnique en graces & perfections, vous aurez
agreable la dedicace que ie vous fay de sa vie & de
sa mort, auec le recit des merueilles dont la clarté
n'est obligée de ceder à celle du iour ; personne
ne pouuoit dignemét receuoir ceste Rheyne que
vous (MADAME) qui estes la plus grâde Royne
du monde, & qui nous faites esperer par voz bon-
nes & Royalles œuures, qu'vn iour vous aurez
bonne part aux Royaume des cieux, que ie ne
vous desire qu'apres que vous aurez franchy cent
années, & laissé en ce monde voz rejectons impe-
rissables : c'est à ce but ou porte ses ardentes prieres.

MADAME,

Vostre tres-humble & tres-obeïssant
seruiteur & subject,
IEAN BAPTISTE DARDAVLT.

BREF DISCOVRS DE

LA VIE DE MADAME Sainĉte Rheine, extraiĉt du venerable Bede, Pierre Denatalibus, de Vſuard & de Mom-br-Ado, & autres.

C'Eſt la verité que dans la Gaule Seſalpine il y eut jadis vne fameuſe Cité nommée *Alexia* & maintenant Alize où Alexie, laquelle fut ruy-née par Ceſar alors de la reduĉtion des Gaules ſuyuant ce qui en appert par ledit Ceſar en ſes Commentaires au liure 2. chap. 13. de la guerre de la Gaule , mais plus particulierement par Tite-Liue en ſa Decade , qui aſſeure que ſans la grande prudence de Ceſar ſon naufrage y eſtoit aſſeuré, & comme il dit, *de rebus Cæſaris aĉtum erat:* Depuis laquelle ruyne qui eſt encores apparente, elle a touſiours eſté fort celebre à raiſon de ſon antiquité, mais plus par l'inimitable mort & mar-tyre de madame ſainĉte Rheyne Vierge née audit Alize, & auquel elle ſouffrit pour Ieſus-Chriſt ſon Seigneur : Ce lieu eſt frequenté de toutes ſortes de nations eſtrangeres , & où chaque iour on voit arriuer des admirables cures & gueriſons à ceux qui deuotement ſ'y acheminent bien que leur mal ſoit déploré & ſans nul eſperãce de gueriſon, choſe qui rend encore ceſte Cité ſi recommãdée

en ce temps à caufe comme i'ay dit de la Vierge
martyre qu'on y venere : laquelle eut pour pere
vn Payen nommé Clement fort cruel & grand
hayneux des Chreftiens, fa mere auffi payenne,
qui mourut incontinét apres fa naiffance, moyen
qui la fit mettre aux mains d'vne nourrice qui par
vouloir diuin eftoit veritablement Chreftienne,
qui luy fit fuccer auec le laict la loy de IESVS, la
fit baptizer fecrettement & l'efleua en l'amour de
fon Dieu, car elle fe plaifoit à ouyr difcourir & lire la vie des faincts Martyrs, ayant vne faincte
émulation à fuyure leur laborieufe vie & conftante aux tourmens, & defia fe promettoit de la
grace de fon Seigneur pouuoir fupporter les rigueurs des tyrans telles qu'iceux les auoyent fup-
portées, qui la fit renoncer iudicieufement à toutes pompes mondaines & vanitez de fon fiecle,
choififfant Iefus-Chrift pour perpetuel Efpoux,
luy voüant le bouton pretieux de fa virginité, en
fon vifage reluyfoit vne beauté & majeftueufe
douceur, qui finfinuoit aux affections de ceux qui
la regardoient, & qu'elle obligeoit fecrettement
à luy defirer du bien, toufiours en prieres & me-
ditations, recommandant toufiours à Dieu fa virginité, méprifant fa beauté & les molleffes & gloires mondaines, fon pere pendât ne ceffoit de la rudoyer eftrangement, penfant par ce moyen la re-
tirer de fes fainctes affections, & pour d'autant
plus ayfément y paruenir propofoit de la marier,
elle luy faifoit entendre auec humilité auoir vn
autre Efpoux beaucoup plus aduantageux que
ceux qu'il luy propofoit, ainfi tous fes difcours

alloyent à neant, portez côtre le rocher inebran-
lable de sa pudicité , bien qu'elle n'euſt atteint
que l'âge d'enuiron quinze à ſeize ans, & ſur ſes
choſes Olibre Lieutenant és Gaules ſoubs Ma-
xence Empereur, partit de Marſeille pour exterminer les Chreſtiens par le chemin, vit ceſte Vierge qui reluyſoit comme vn ſoleil parmy les autres
beautez, pour laquelle il ſentit beaucoup d'émotions en ſon ame, dont les vifs reſentimens la fi-
rent conuoquer deuant luy, tant à raiſon de ſa
croyance , mais principalement pour la beauté
d'icelle, de maniere qu'elle iugea qu'il luy faudroit combattre déux forts enhemis, l'idolatrie &
la concupiſcence, elle recourt à ſon Dieu, à fin
de fortifier ſa foibleſſe qui ne luy manqua, reſſen-
tant à l'inſtant ſon courage plus fort, en cela aydée
des diſcours de ſa nourrice qui l'auoit inſtruite &
qui la portoit à mourir pour IESVS, ſa conſtan-
ce donc perſeuerant alors qu'elle eſt interrogée
de ſa croyance reſpond franchement eſtre Chre-
ſtienne & auoir pour Eſpoux ſon IESVS qui oc-
caſionna le tyran de la faire battre de verges par
ſes bourreaux iuſques à grande effuſion de ſang,
apres le tyran luy fit arracher les ongles, dont ſor-
tit ſemblablement grande abondance de ſang, luy
fait bruſler les côſtez auec des flambeaux ardans,
dont d'horreur, non de compaſſion Olibre le cruel
couurit ſon viſage de ſon manteau, & apres en ſi
piteux eſtat il la fait ietter en vne priſon obſcure
& puante, où elle euſt des riches conſolations.
Vne colombe apparut qui la diſpoſa à mourir
pour IESVS, ſes playes furent conſolidées &

parfaitement gueries en vn inftant, & la prifon
d'obfcure deuint lumineufe à merueilles, ce qui
l'occafionna de faire de nouueaux remerciemens
à fon Seigneur qui en des fi chaudes & fi impor-
tantes alarmes auoit fi foigneufement & medici-
nalement pourueu à fa fanté, le lendemain elle eft
encore prefentée à Olibre qui effaye de nouueau
à flechir fon affectió pour adorer fes dieux, à quoy
refiftant elle eft de nouueau bruflée aux coftez &
de la precipitée en vn grand muis d'eau pieds &
mains liées à fin qu'eftant portée d'vne extremité
à vne autre le torment luy fut intolerable, mais
en vain car dedans le vaiffeau plongée les liens fe
brifent, & les bourreaux auec leur fourchons ne
peuuét empefcher qu'elle ne vienne deffus, chan-
tant auec le Pfalmifte le pfeaume, le torrent eft
paffé par deffus mon ame, & mon ame a paffé le
torrent intolerable, dont le tyran irrité plus que
deuant commande qu'elle foit decolée ce qui fut
fait en mefme temps, s'eftant prefentée au fup-
plice auec vne admirable conftance priant pour
la conuerfion de tout ce peuple, & lors la terre
trembla, & chacun des affiftans reffentit des
grandes émotions en fon ame deteftant l'efclaua-
ge & domination tyrannique d'Olibre, en la pre-
fence duquel huict cents cinquante fe conuerti-
rent à la foy, confeffant I e s v s & demandans le
martyre; le tyran tout honteux & confus de ce
qui fe paffoit fe retire, l'on vit encore alors de fon
decez la Colóbe rayonner à l'entour de fon chef,
fon corpse eft enterré audit Alize, & comme l'on
appréd au lieu mefme ou fon chef decolé tomba,
d'iceluy

d'iceluy fortit vne fource d'eau qui a des merueilleux effets, de laquelle les pelerins qui en vfent
en memoire de la Saincte bien difpofez en leur
confciences reçoiuent de leurs maladies les gue-
rifons inefperées, Dieu y operant en faueur de la
Saincte, car iceluy comme dit le Prophete eft
merueilleux en fes Saincts.

AV LECTEVR.

VOyla lecteur, le martyre de faincte Rheyne
que i'ay ofé encore tracer en vers, incité à
cela par mes amys, aufquels ie ne le pouuois hon-
neftement refufer, & à qui toutesfois ie n'euffe
voulu donner ce contentement fans le deuoir que
ie doibs particulierement à cefte Saincte pour
eftre (bien qu'indigne) Recteur de la chappelle
où elle eft venerée, & ou tant de miracles fe font.
Ie ne fais profeffion quelconque de poëte n'en
ayant le fçauoir, auffi n'y trouueras tu rien qui
puiffe contenter ta friande curiofité, mais bien vn
defir ardant de haut loüer & magnifier mon Dieu
tout-puiffant, duquel les ouurages qu'il fait &
opere par fes faincts Martyrs font du tout admirables : N'ayant donc que cefte belle ambition, &
eftant net de toute vanité mondaine, i'eftime que
tu loüeras mon deffein, & que tu excuferas tous
les manquemens de ton feruiteur, A Dieu.

B

HISTOIRE

VERITABLE DE L'EX-
CEZ ET MARTYRE DE SAIN-
CTE RHEYNE VIERGE, AVEC LES
admirables effects de l'eau de sa fontaine, enrichie de plusieurs saincts discours : Le tout à
la gloire de Dieu.   Par I. B. D.

Ere Sainct qui deticns dedans les larges bors
De ton Ciel porte-tout les plus riches thresors,
Qui rends quand il te plait les langues plus
     desertes
Riches de beaux discours celestement disertes,
Faconde ce discours, fœconde cest escript,
Epure tous mes sens, informe mon esprit
Que comme au blanc papier il prenne à toutes heures
Autant de beaux pourtraicts que l'œil voit de figures :
Et qu'apres sainctement de si notable obiect :
Il comble à ton honneur le tout sacré fueillet.
Versant le miel plus doux de cest humeur liquide
Dont (l'on dit) s'abreuuer la troupe Castalide,
Pour en fin faire voir au sainct traict de mes vers
Chose qui soit egalle à tant de maux diuers,
A l'excez qu'endura Rheine saincte pucelle,

Qui se monstre à mon œil, à ma bouche se cele :
Mais plustost que ie sois inspiré du feu sainct,
Duquel ton sainct troupeau sentit son cœur enceint,
Quand par flammeux rayons diuinement son ame
S'anima doucement du sainct Antousiasme :
Car sans toy ie ne puis crayonner dignement,
De ce tragicq excez le trop riche argument,
Et mon vaisseau sans mas, sans biscuit, sans cordage,
Et sans voille & sans nord, ne pourroit sans naufrage,
Parcourir ceste mer, qui pleine de mal-heur,
Trouueroit és replis quelque rocher trompeur,
Où les sables mouuans des perilleuses rades,
Où le Scill', où Caribde, où les deux Simplegades,
Sois luy donc cher Seigneur le pilote opportun,
Sois luy parmy ses mers son Elice & Neptun.
Soubs tels auspices donq ie chante la pucelle,
Ame toute du ciel, ame sainctement belle,
Qui fit pour ton sainct Nom ruisseler pourprissant,
Dessus les bords d'Auxois son sacré tiede sang :
Car endurant pour toy, tant d'aise la saisie,
Que le feu, l'eau, le fer, furent son ambrosie :
Ce fut en la saison que l'on void recouuers,
Et les prez & les champs de mille tapis verds,
Que la triste Progné de son gosier lirique
Fredonnoit les couplets de sa douce musique,
Que Phœbus redoroit de son iaulne flambeau
Le Cancre & le Lyon, & le signe puceau,
Que le tout doux Zephir ba-batant de son aisle,
Es cheuelus sapins cherchoit flore sa belle,
En fin lors que Phœbus à plomb nous œilladoit,
Et que le dur Maxance aux Latins commandoit,
Maxance le cruel, & son Commis en France,

Monstre touſiours ſouffrant, s'il ne donnoit ſouffrance,
Et qui fol Salmonée alloit audacieux
Brauant les immortels & tout l'honneur des cieux,
L'Atile, Tamerlan, Cyclope ſanguinaire
Du iuſte puniſſeur l'inſtrument ordinaire,
Qui penſoit de IESVS exterminer la loy,
Saper les fondements de ſa naiſſante foy,
Miniſtre de Sathan qui r'allumoit des flames
Croyant y conſommer & les corps & les ames,
Le bruit aux pieds aileZ en tous endroits partoit,
Que des enfans de Chriſt le nombre s'augmentoit,
La renommée ayant du cerceau de ſon aile
Ia par-tout épanché ceſte ſainCte nouuelle,
Et ja trop aduerty que pluſieurs tout-tourment,
Pour IESVS enduroient deuant tous conſtamment,
Et que dans ce pays, ainſi que dans les prées,
Où mille & mille fleurs paroiſſent diaprées,
Les ſeruiteurs de Chriſt de IESVS floriſſans
En mille endroits eſtoient en la foy paroiſſans
Que pour chaſſer ce mal de ce Dieu la croyance,
Il falloit ſeulement l'abord de ſa preſence :
Ainſi que du ſoleil le rayon lumineux
Diſſipe les nuaux les plus caligineux :
Il receut ceſt aduis au lieux ou ceſte Dame,
Laua du flot larmeux les noirceurs de ſon ame,
Qui penitente au vray, ne voulut plus pecher,
S'enfermant au plus creux du Prouençal rocher,
Qui les pieds ſainCts oignit d'vne odeur embaſmée,
Quittant pour mieux plorer ſa natale Idumée,
Qui deuote porta les parfuns funeraux,
Qui de ſes yeux verſa ſur les pieds des ruiſſeaux :
Mais comme on void parfois de l'horreur des furies,

Oreste s'estonner aux tristes tragedies,
De mesme Olibrius se trouble sourcilleux,
Ainsi se nommoit-il se Satrappe orgueilleux :
Il fremit tremoussant, il éclatte à Marseille,
Comme ceste nouuelle eut frappé son oreille,
Plus terrible en partant & plus noir de courroux
Que le ciel canonnant ses foudres dessus nous,
Plus ireux ceste fois que les flots, que l'orage,
De l'Occean ne sont quand ils causent naufrage :
Ses ministres apres ses brasiers attisans,
Par troupes le suyuoient ses fameux courrisans,
Plus menu que du Ciel ne tombe la dragee
Dont le gentil Denis voit sa plante outragee
,, Car les desseings des grands & leur deuoyement
,, Par tous les leurs tousiours est suiuy constamment
Mais comme vn feu subit qui se prend aux bruieres
Laisse les champs priuez de verdeurs printanieres
Ou comme vn grand limas qui laisse tout baueux
Les trasses de ses pas, où il rampe moiteux
Faisant voir son frayé & la trace glaireuse
Apparante apres luy la layssant lymoneuse
Ainsi faict ce cruel qui les lieux en passant
Laisse vuide de bons les Chrestiens meurtrissant
Marquant vn chacun lieu de sanglants tesmoignages
Et passant faict mourir les Chrestiens de tous aages
De tous sexces encor, mil & mille proscripts
Es bourgades helas cruellement meurtris
Et sur les grands chemins tant de testes tranchees
Qui seruoient d'espouuante aux poteaux attachees
Delaissant donc la mer il costoye le Rosne
Du Rosne au Bruyant cours il repasse la Sone
En fin de ville en autre à l'antique Cité

D'Alize il se rendit tout bouffant dépité
Ceste ville autrefois par mainte forteresse
Brida d'un Empereur la force vainqueresse
Qui portoit iusques au ciel comme vn pin sourcilleux,
Sur les proches citez son renom glorieux,
Dont le débris encor au dedans de la France,
Faict voir par son contour qu'elle fut sa puissance,
Comme aux voyes des Ours & des Lyons affreux,
L'on cognoist la grandeur par la piste d'iceux,
Ores démantelée & détruite à ceste heure,
Ores en maints buissons, sauuage elle demeure :
,, Les Empires ainsi ont tousiours leurs saisons,
,, Leur periode ainsi que leurs declinaisons :
Il y fit du seiour quelque temps pour apprendre
S'il pourroit sur le faict quelque Chrestien surprendre :
Ainsi faict (ce dit-on) le traistre Crocodil,
Qui s'embusche mussé dans les riues du Nil,
Pour apres s'eslancer & cautement surprendre
Le foible Egyptien qui ne s'en peut deffendre :
Aussi-tost ses mouchars, ses mouchars promptement,
Le tiennent aduerty que Rheyne fermement
Croyoit en ce IESVS & qu'encor du sainct cresme
Elle s'estoit munie en secret au baptesme,
Adorant idolatre en toute humilité
De ce Dieu la grandeur & la trine-vnité
Que Phœbus dont elle a la croissance ordonnée,
Sur elle ne tournoit que la seiziesme année
Qu'elle estoit belle en tout bien que de peu d'atours,
Couuerte simplement elle fut tous les iours :
Car elle est (disoient-ils) d'vne taille si belle
Que l'œil n'a veu iamais de beauté qui soit telle,
Come au Ciel deux flambeaux reluysent ses beaux yeux,

sa bouche à le soubris sainctemement gracieux,
De son nez le pourfil, le pourfil admirable,
En grand blancheur estant à l'albastre semblable,
Qui ne sent au dessous de son virginal front
Au milieu de sa face élcue vn petit mont,
Ses iouës de blancheur parsemées de roses,
Telles que l'on les voit sur l'églantier écluses,
Ses leures de corail & par ordre ses dents
Surpassent en candeur les yuoires plus blancs,
Ses deux arcs my-voûtez, qui d'égalle distance
Luy seruent doublement d'éclat & de deffence,
Ses cheueux tous dorez en mille crepillons
Vont sans l'aide de l'art iusques sur ses tallons,
Vrays dieux combien d'amours parmy ses tresses blondes,
(Disoyent-ils) vont vollans és frisons de leurs ondes,
Tresses où ton amour enchainé dignement
Se doit tenir d'amour guerdonné largement,
Estant tellement belle adioustoient-ils en somme
Que sans la conuoiter ne la regarde l'homme,
Estant le racourcy le plus richement beau
Qu'encor nature ayt peint en son riche tableau
Dont le moule rompu ne peut d'autre produire
Qui vienne en parallele à la veuë reluire,
Et comme en la musicque, où trois, quatre, où cinq tons
Diuersement couplez font que nous ressentons
Milles plaisirs éclos par leur douce merueille,
Embler des auditeurs les esprits par l'oreille :
De mesme au doux recit il nourrit peu à peu
Du plaisir interdit le lent & secret feu,
Et soudain il fomente en sa ieune poitrine
Ce deuorant brazier de la torche Cyprine
Escoutant du bel œil la douce nouueauté

Et du

Et du riche maintien la dépeinte beauté :
Car de tel aliment il prenoit nourriture,
Portée encore estoit à cela sa nature,
Et puis aux chauds rayons d'vn soleil consumant
Il n'eust peu se garder de brusler ardammant,
Aussi se consomme il dans le feu, dans la flame
Qu'il attise chetifs au dedans de son ame,
Tout pareil au flambeau qui brusle en éclairant,
Qui se paist de sa perte & qui vit en mourant :
Ie la vis (dit-il lors) si i'en ay souuenance
L'autre iour retournant des marchcs de Prouence
En vn vallon herbeux paissant ses gras cheureaux,
Ses brebis, ses moutons, ses cheures, ses agneaux,
Et depuis i'ay tousiours ressenti dans mon ame
Les vifs embrazements d'vne amoureuse flame,
De vray si sa maison alloit haut paroissant,
Qu'elle eut quitté ce Dieu, qu'elle dit Tout-puissant,
Ie la pourrois vn iour pour ma consorte admettre :
Mais las ! voudrois-ie bien telle faute commettre :
L'amour est vn flambeau pour éblouyr nos sens,
C'est vn voile à l'esprit, dedans moy ie le sens,
Qui nous faict forligner de la loy de nos peres
Nous roulant à la fin au comble des miseres,
Imperieux sur nous quand vne fois son traict
Au vif nous a ferus de quelque beau pourtraict,
Ha ! salle volupté, qu'insolens sont tes crimes,
Et le bourbier fangeux de tes profonds abismes.
Par toy des forts Troyens l'imprenable Cité
Est maintenant helas ! vn lieu non habité,
Ou apres mille efforts, milles froissis de picque :
Hector meurt soustenant vne femme impudicque,
Par toy le braue Anthoine aux armes genereux

C

Fuyant deuant Cesar se rendit mal-heureux
Quand au concert naual laschement sur Neptune,
Il quitta ses soldats pour courre la fortune
De sa chere moitié qui luy fit (ô mal-heur)
Perdre par c'est amour & la gloire & l'honneur.
Et moy seray-ie serf de ceste fille étrange ?
L'aueugle amant (dit-il) ne voit où il se range :
Mais n'auray-ie pouuoir d'esquiuer ce tourment ?
Helas ! ie le desire & si ne sçay comment,
Si faut-il que mon sens par la raison se guide,
L'impatient amant n'endure point de bride,
Ceste rage messied à si grand comme moy :
Mais helas ! qui pourroit à l'amour donner loy,
Il n'a d'effect (dit-il) quand l'on faict resistance
Plus fort ie le combats, plus il faict de deffence,
Vn Prince pourroit bien brider ses appetis,
Mais amour tient soubs soy les grands & les petis :
Ainsi ce mont-Gibel ce mutin de mon ame
S'oppose à ma raison & ce mal-heur me trame :
C'est ardeur ne decroist, ains accroist mon tourment,
Le sommeil Lethean ne donne allegement :
Ie suis plus chaut que feu & que l'ardante braize
Dont le boiteux Vulcan faict brusler sa fournaize,
Quand soubs d'Ethna le mont par mil & mille coups
Il façonne alethant de mon Dieu le courroux :
L'amour n'est si ardant c'est le brandon qu'Atride
Ressentit deuorer son ame parricide,
Si faut-il l'accoiser, ie ne puis longuement
Sans iouyr supporter ce trop fascheux tourment,
Vn desir amoureux trauaille mes pensées
Qui par le seul iouyr seront recompensées.
Allez doncques (dit-il) mais allez promptement

Il me tarde par trop faictes si dextrement
Qu'elle soit tost surprise aux rets de vos promesses :
Mais encor ie n'entends qu'on sçache ses caresses,
Il me fascheroit fort qu'on le sceut à la Cour
,, La honte & le secret sont les rideaux d'amour,
Iurez luy que bien-tost s'en fera l'Hymenée
Ainsi fit autresfois le fort Troyen Ænée,
Qui soubs vn feint Hymen triumphant de Didon
Couurit d'vn feint lien les feux de Cupidon,
Faites luy cas de moy grauez en sa memoire
La fin de mon amour, de mes hauts faits la gloire.
Ainsi faict le Paon qui pour se rendre doux
Aux yeux de sa Pannesse estalle à tous les coups
Piaphard ses miroirs les thresors de ses aisles
Asurez, peinturez de beautez naturelles :
Mais sans la rudoyer qu'elle se donne à moy ?
Ie la feray bien-tost tourner à nostre loy
,, Les grands (adioustoit-il) repetent leurs largesses
,, Quand ils veulent, encor reuoquent leurs promesses.
Nous receurons tousiours (dirent-ils) cher Seigneur
Tous tes commandemens pour fauorable honneur
Que nous parfournirons en toute obeissance
Ayant sur nous chetifs souueraine puissance :
Ainsi ce Bagoas, c'est Eunuque meschant
S'employoit autrefois pour son Roy salement
A corrompre Iudith, quand hors de Bethulie
Sur Azur elle fit si sanglante saillie :
Cependant sa nourrice est de quelques Chrestiens
En secret aduertie aussi-tost des moyens
Que tenoit ce subtil, ce Viceroy sur l'heure
Dans la grande Cité voulant que celuy meure
Lequel au grand IESVS auroit quelque respect

Luy voüant tout son cœur comme à son seul obiect :
Ceste nourrice donc qui de la loy Payenne
L'auoit faict conuertir à nostre foy Chrestienne,
A l'insceu de Clement pere plus inclement
Qui fut dessoubs les bords du large firmament
La porte & la dispose au mourir par constance
Et que sans redouter de ce grand la puissance
Constamment elle marche aux tourments pour la foy
Plustost que de manquer du Seigneur à la loy,
Lequel anime & meut, qui soustient ceste masse
Dont l'esprit est l'espoux & l'estre & l'efficace,
Estant le grand mobil & qui de ce lourd corps
Faict mouuoir comme il veut iusqu'aux petits ressorts,
Qui faict tout (disoit-elle) eternel impassible
Qui rend quand il luy plaist l'impossible possible,
Seruez-le mon enfant gardez de l'offencer
Et aux dieux de ce grand gardez vous d'encenser,
Le tourment bat le cœur, ce Dieu tost le redresse
Le seau leue la cire à mesme qu'il la presse,
Et le cedre vainqueur s'esleue plus pressé
Ainsi le fort esprit s'affermit oppressé :
Croyez moy que les maux ce sont les escouuettes
Qui balloyent l'esprit de taches plus infectes,
La poudre dechassant des plis de sa vertu
Et le vice adherant dont il est combatu,
Que te seruiroit-il d'acquerir tout ce monde
Et celuy que l'on croit encores dessoubs l'onde,
Si tu perdois ton Dieu ce Soleil pretieux
Le perdant tu perdrois le royaume des Cieux,
Tu aurois moins d'honneur au bien d'estre sauuée
Que de gloire à tenir nostre loy approuuée,
Pleust à Dieu mon soucy qu'eussiez autant d'ardeur

A mourir pour I E S V S que i'y voy de bon-heur,
Adiouſtant qu'és martyrs les gloires eternelles
Surpaſſent d'icy bas les gehennes plus cruelles
D'autant qu'vn roch ſurmonte en hauteur les vallons
Le mas porte-drapeaux, les humides ſillons,
Et ſembloit diſcourant la mere aux Machabées
Qui pouſſoit ſes enfans à des morts non forcées :
Ainſi faict la Colombe autour de ſes petits
Pour apprendre à voler leurs cerceaux apprentis,
Qui du bec & de l'aiſle & les pouſſe & les preſſe
Tremouſſante, pouſſant leur craintiue pareſſe :
Ie mourray ma nourrice (elle dit) n'ayez peur
Pour I E S V S ie mourray d'vn magnanime cœur :
Car vos diſcours ſortans d'vn tout diuin organe
Nourriſſent mon eſprit d'vne celeſte mane
Guindent tous mes eſprits en ſaincts rauiſſements
Excitent en mon cœur des diuins mouuements,
Et puis c'eſt mon plus court de mourir à ceſte heure
Pluſtoſt qu'auec la honte en ſeruice ie meure
De mon honneur forcée eſclaue entre les mains
D'vn qui m'iroit ſoubs-mettre à ſes plaiſirs vilains
Pluſtoſt puiſſe-ie voir les caues Plutonides,
Pluſtoſt puiſſe-ie boire aux eaux Acherontides
Quittant du clair Soleil l'agreable clarté
Que voir rien de honteux ſouffrir ma chaſteté,
Autrefois m'auez dit qu'à la roſe & canelle
Paradis reſſembloit, que nature d'antelle
De tortis épineux, & que nul des humains
Ne cueille ſans danger de ſe picquer les mains,
Que le Ciel n'eſtoit pas en des delicateſſes
Qu'on l'auoit par efforts, par tourments, par angoiſſes:
Ce chemin eſtre eſtroit que le Seigneur paua

C iij

Où le chardon poignant ses testes esleua,
Quand en Croix tout sanglant rachepta nostre race
Estre vn chemin fascheux borné de peu d'espace
Que les plus violents le rauissoient poudreux
Quand ce chemin estroit ils brossoient courageux,
En fin les durs trauaux (disiez-vous) sont l'eschelle
Par ou l'on paruenoit à la gloire eternelle :
La nuict lors respandoit par les cieux azurez
Par le cirque du ciel ses petits clouds dorez,
Et le flambeau nuictal ceste chaste courriere
Sur ses cheuaux couplez commençoit sa quarriere
Quand la troupe ennemie entre l'obscurité
Chez la nourrice apprit de Rheyne la beauté,
Tous les yeux confessoient que ceste creature
Fut & la fille aisnée, & l'effort de nature,
He ! pourquoy (disoient-ils) hayneuse de nos dieux
Pourquoy tes beaux soleils merueilles de nos yeux
En leurs doux Orient filles tu les lumieres
Qui tiennent des plus grands les ames prisonnieres :
D'vn silence elle paist ses gallants escroqueurs
,, Ainsi moins de parole ont les grandes douleurs
Sinon qu'elle leur dit, ô beauté desloyalle
Qui luys dedans mes yeux pour me perdre fatalle,
Est-ce pour n'auoir faict iamais estat de toy
Qu'impudique tu veux me liurer à ce Roy ?
Car des lors te iugeant d'vne humeur trop altiere
Contraire à mon Seigneur ie te mis en arriere,
Pourtant toy ny les tiens ne pourront nullement
Oster à mes desirs le sainct nom seulement.
Puis baisant sa nourrice Adieu ma chere mere
Que i'ay (se disoit-elle) vne douleur amere
De vous laisser, helas ! mon Dieu quel déplaisir

Pour suiure de ses grands l'impudique desir,
Vray Dieu ! qu'elle rigueur, quels souspirs, qu'elles plaintes,
Dois-ie faire m'amour en si chaudes attaintes,
Nourrice, mon soucy, vray Dieu ! que i'ayme mieux
Mille fois que ma vie & que mes propres yeux :
Car ma mere mourant à ma triste naissance
Chez toy tu recueillis ma trop chetifue enfance
Et depuis i'ay tousiours ressenti ses douceurs
Quand mon pere enuers moy exerçoit ses rigueurs
Dont ie suis obligée, helas ! que n'ay-ie chose
Digne de ces bien-faicts dedans mes mains enclose
Qui fut égalle en prix pour des si grands bien-faicts
Qu'à vostre pauure enfant charitable auez faicts :
Ainsi fait la Cigoigne apportant recompense
A ceux dont elle prend son estre & sa naissance,
Eschauffant non ingrate à ses parens cassez
Les membres refroidis de la mort menacez,
A Dieu donc pour tousiours ie m'en vay (disoit-elle)
Pour reuiure à iamais, à la mort temporelle :
Niobe ne poussa iamais si tristes sons
Et n'espancha point tant pour ses chers nourrissons
De larmes, & iamais la iazarde hyrondelle
Ne mena si grand dueil, que fit ceste pucelle,
Sa nourrice laissant : & d'autre part tel dueil
C'est oyseau de Memnon prés du triste cercueil
Du fils Titonien ne mena que fit ores
Pour sa fillette, helas ! ceste nourrice encore
Laquelle au mesme instant que ce rapt apperceut
Serue de passions se contenir ne sceut
S'élançant deuers eux, & d'vne telle sorte
Qu'vne Tygresse à qui ses petits on emporte
Elle veut l'empescher s'escriant, mes amis,

Citoyens accourez, voicy les ennemis
Et plus fort s'escrioit, plus fort qu'en la Phrigie
Les folles de Bacchus ne font en leur Orgie :
Mais ils la font sortir, & tout soudainement
Ils vont au cabinet du Preuost l'enfermant
Sans vouloir s'arrester car d'vne iambe aiſlée
Ils l'entrainent, helas ! ainſi le loup d'emblée
Butine la brebis, & puis leger s'enfuit
Regardant maintesfois ſi quelque chien le ſuit :
Auquel lieu elle fait toute nuict ſes prieres
Faiſant des yeux rouler deux coulantes riuieres
Et les genoux courbez au milieu des douleurs
Donne moy le pouuoir d'emouſſer leurs rigueurs
(Diſoit-elle) Seigneur, donne moy la puiſſance
Parmy leurs cruautez de vaincre par ſouffrance,
Toy pere de ce tout qui de la ſeule voix
Fais le bruyant Neptun flechir deſſous tes loix
Bridant ces moittes flots du plus haut de ton pole
Au ſimple & digne ſon de ta ſeule parole
Qui fais mouuoir l'Erebe au ſeul clin de tes yeux
Eſcroullant par ta voix les Cedres ſourcilleux,
Et ceſte voûte encor ſans canon, ſans tonnerre,
Mit toſt de Ierico la muraille par terre
Et la riche Cité pour le premier butin
Par toy fut concedée au peuple Paleſtin
Auquel le Ciel épars, ceſte riche cambrure
Ce beau lambris doré, ceſte riche voûture
Promptement obeyt, meſme ce grand courrier
Ce beau Soleil du iour, le doux auant-courrier
Poſte tout flambloyant par ſi riche dedalle
Vireuoltant leger autour de ta grand ſalle
Ne meut qu'à ton vouloir ſes panthelans deſtriers

Sinon

Sinon par ton regard ses lumineux courfiers
Qui rendis refolus, qui munis de conftance
De tes trois feruiteurs la foible forte enfance
Méprifant du tyran le braZier vehement
Dont ils fortirent fainEts par ton fort mandement :
De mefme élargi-moy cefte puiffance forte
A fin que leurs rigueurs conftante ie fupporte
Que fans aucun effroy & d'vn courage fort
Toufiours i'efpere en toy des foibles le confort :
Le Dieu qui ne delaiffe és replis de mifere
Celuy qui fermement en fon fainEt Nom efpere,
Donne moy cefte force en ce deuot effort,
Le corps eft bien foiblet, mais l'efprit eft bien fort,
Soubs l'enfeigne de Chrift la viEtoire il emporte
,, Puis que nous pouuons tout en luy qui nous conforte,
Seigneur pouruoye donc de grace en ceft affaut
Ie n'attends que de toy le fecours qu'il me faut,
Ainfi me confortant & qu'ainfi ie demeure
Conftante en leurs exceZ iufqu'à temps que i'y meure
Pluftoft de mille morts i'efprouueray le fort
Que te quitter mon Dieu pour crainte d'vne mort,
Pluftoft mon Dieu preuiens fais deualler ton foudre
Sur mon chef dont iadis tu mis Sodome en poudre,
Mon corps tu iouyras endurant deux inftans
Aux gloires de la fus d'vn eternel printemps :
Car dedans tels perils on trouue la viEtoire
Qui faiEt naiftre au vainqueur les palmes de la gloire,
Auffi dit-on vrayment fi la roZe ne poingt
Si poignante elle n'eft que la roZe n'eft poinEt
I'efpere donc en toy, tout doux tout pitoyable
Et que prendras foucy de moy tant miferable
Et certes c'eft efpoir nourrit tes feruiteurs

D

Parmy leurs maux cuisans comme on void aux ardeurs
Aux braziers deuorans, ainsi qu'on faict entendre
Se nourrir sans brusler la froide Salemandre :
Ce tyran tout de feu duquel brusle l'esprit
D'vn desir tout brutal à ces mots la surprit,
Et comme loyscleur qui remply de finesse
Cuide tirer loyseau par la voix piperesse
Dans le piege estendu tout semblable à ce Roy
Qui par charment discours la veut tirer à soy.
Resserenne tes yeux, resserenne ta face
Pucelle (ce dit) il tasche de treuuer grace
En moy que tu ne doibs nullement mépriser
N'y mes dieux hauts puissants qu'on ne peut trop priser
Leur pouuoir maiesteux que le monde reuere
T'arrestant follement à ta nourrice mere :
Ie blasme ton dessein, i'accuse ses vieux ans
Qui soubs ombre d'vn bien perdent les innocens :
Ie blasme le deuoir de ton obeyssance
Qui se laisse couler à sa folle croyance,
Sa foy deceut ta foy, la tienne te faict tort
Qui fera de ton bers le tombeau de la mort,
Prenant pour sainct Talmad la fable de son dire
Qui sans te martyrer faict viure ton martyre,
He! quoy tant de faueurs qui t'atendent d'abor
Et les honneurs qu'auras en mes Citez encor,
Tant de riches presens les corones prisées
Seront elles par toy vilement méprisées?
Le premier rang par tout és banquets & festins
Où tu boiras encor de cent sortes de vins :
Les habits étoffez d'vne riche parure
En matiere moins grands qu'en leur manufacture
Seront par toy portez, au lieu de ses haillons

Que tu traines chetifue ès terres & sillons
De ce fertil Auxois ou i'ay toute puissance
Où tu commanderas ayant ma bien-veillance,
Bref tous seront soubs toy se monstrans bien-heureux
De te plaire & seruir s'en rendans desireux :
Cesse donc desormais de faire la fascheuse
De mépriser les dieux faisant la dedaigneuse,
Tu pourrois ce faisant encourir mon courroux
,, Le courroux des seigneurs est redoutable à tous :
Ne sçais tu pas combien i'ay gaigné de victoires
Nos ennemis vaincus en portent robbes-noires,
Comme mon bras sanglant au milieu des combats
Enuoya tes Gaulois aux manoirs les plus bas,
Faisant craindre mon fer soubs les Aigles Romaines
I'enuoyay leurs hayneux aux eternelles peines,
Par moy maint fleuue est nay du sang de ses meschans
Qui sortant de leurs corps fit rougir tous les champs :
A combien d'ombres i'ay deuant ce Radamanthe
Adorant ton I E S V S faict faire la descente :
Mais comme on void le fer du marinier quadran
Animé tant soit peu de la pierre d'ayman
Vers le Nord œillader sans iamais s'en distraire
Et sans l'abandonner d'un aspect trop contraire :
Ainsi ce bel esprit touché premierement
De la saincte vertu de son Dieu son amant
Vers ceste tramontane & vers ceste saincte Ourse
Restoit sainctement ferme en ceste braue course,
Ou comme un grand rocher qui battu des Autans
Qui contre-luitte en mer & les flots & les vens :
Ainsi sans se mouuoir demeuroit ceste saincte
Au discours du tyran, à sa parolle feinte
Sinon qu'un vermillon sur son front s'espandit

Et le lis de son front à peu prés se perdit :
Changeant sa belle face en couleur qui l'adore
Telle qu'on voit au Ciel la face de l'Aurore,
En telle émotion elle fut quelque temps
Poussée qu'elle fut de diuers mouuemens
Sans respondre au tyran comme quand la tempeste
Surprend en l'air l'oyseau voulant faire sa queste
Auec les vents diuers, qui combattans en l'air
Douteux il ne sçait pas de quel costé voller :
Elle en fin recollige & ramasse ses forces
Et son esprit pantois pour respondre aux amorces
De ce grand qui pensoit recueillir trop puissant
Du beau fruict virginal le bouton pourprissant :
Tu sembles (luy dit-elle) à l'Araigne qui fille
De ses artistes pieds vn fillet inutille :
Car en vain grand Preuost par tes discours pipeurs
Et par tes messagers flateusement trompeurs,
Tu pretends ébranler ceste pauure chetifue
Estimant qu'au mourir ie me rende restiue,
Tes honneurs, tes grandeurs & tes lauriers acquis,
Tes offres, tes presents & tes vins plus exquis
Ne sont que vanitez transitoires, legeres,
Plus qu'vn flux & reflus de coulantes riuieres
Qui sans fin sur nos chefs mobiles se tournans
Et iamais bien liez en vn poinct n'arrestans
Non plus que du beau Ciel qui constant en vne heure
Fiché sans se mouuoir en vn poinct ne demeure,
Et puis chez toy grand Prince & chez les grands encor
Tout ce qui brille & luit en vos Cours n'est pas or,
Et tel tient son œil doux dementant son courage
Qui nourrit au dedans les ennuis & la rage
Et tel porte auiourd'huy la ioye sur le front

Qui reçoit à l'instant de son Prince vn affront,
,, Bref tout est peu constant & fortune muable
,, Plus qu'ailleurs chez les grands se monstre variable,
Tels biens ie les compare à vn plat dont les bors
Doux sucrez, sont remplis de cresme par dehors,
Où les mouches venans qui du bec & des aisles
Gloutes se vont perdant en ses douces merueilles :
Les hommes sont ainsi dans les fraisles grandeurs
S'abreuuans en ce temps au gouffres des mal-heurs,
Le plat est ce grand rond, la cresme les richesses,
Le sucre pardessus les pipeuses mollesses :
Les mouches qui sans fin se plongent si perdans
Sont les mondains lesquels se iettent au dedans,
Que nous sommes charmez aueugles creatures
Qui cherchons la constance en fraisles aduantures
Que nous sommes décheus cherchant la fermeté
En vn fraisle bon-heur plain de legereté
Et plus qu'vn mol rozeau qui à toute secousse
S'émeut deçà delà quand l'Aquillon le pousse :
Ils charment les esprits des mondains d'icy bas
Les chargent de soucis, mesme iusqu'au trespas,
L'or estant vn lourd fez à celuy qui le porte
L'honneur de mesme vn vent qui puissant nous emporte,
Tous deux le but certain de toute vanité,
Tous deux qui vont surgir à la calamité,
Bien qu'on les tienne icy pour de vertu les aisles,
Ce sont aspics pourtant couuez de fleurs plus belles:
Ie ne les fuis pas moins que sur l'eau le nocher,
Le Sylle cauerneux, le Caphare rocher :
I'aymeray beaucoup mieux mes brebis camusettes
Paistre sur la fraischeur des herbes nouuelettes :
I'aymeray tousiours mieux des sources la claire eau,

Boire pour mon muscat du tremouſſant ruiſſeau :
I'aymeray touſiours mieux ſans parures mes robbes
Que celles à fond d'or en tes grands garderobbes,
Que pour ſes vanitez, ſes charmes, ſes apas
Ie quitte mon Seigneur m'élongnant de ce pas,
Puiſſe-ie mon eſpoux touſiours dedans les prées,
Non dans les Cours des grands acheuer mes iournées,
Ayant pour tous accords les chantres oyſelets :
Mes chiens touſiours veillans pour fidelles valets,
Pour ombre & paraſol les ombreuſes ramées,
Pour tous mets le pain bis mes douceurs plus aymées :
Les deſerts écartez le plus ſombre ſeiour,
Qu'ils ſoient mon Apogée & mon Louure & ma Cour :
Car qui le veut chercher aux Cours & aux affaires
Ils vont ioindre en vn temps choſes du tout contraires,
Penſe trouuer le calme en la faueur des flots
,, Le trouble s'éclarcit quand il eſt en repos,
Et la ſans deſtourbier ſi i'en eſtois capable
Ie te contemplerois ô Seigneur admirable :
Ie dois bien m'embrazer de toy diuin Eſpoux
Plus beau que le ſoleil, encor eſtant plus doux,
Qui baille à tout iamais la coronne plus belle
Qui du temps ne releue, ains demeure eternelle :
Les cordeaux dont tu fus en la Croix garotté
Se ſont mes lacs d'amour, le fer qui ton coſté
Ouurit de Cupidon l'amoureuſe quadrelle,
Pourrois-ie amour traiter d'vne ſorte plus belle :
N'aymeray-ie l'Autheur qui ce rond terrien
Sans moule ſans pourtraict façonna tout d'vn rien,
Et de ſa ſeule voix par ſi bel artifice
Compoſa grond ouurier l'admirable edifice,
Faiſant de ce mélange & du chaos confus

Sortir du iour aimé la lumiere & de plus
Pourueut le firmament de deux grands luminaires
Orna l'épaisse nuict de ses feux ordinaires,
Qui comme fleurons d'or de brunettes clartez
Le manteau de la nuict frangent de tous costez
Donnant à tous ses corps leur secrette influence
Diuerses en nature, en effets, en puissance,
Et qui predominans en corps superieurs
Influent biens ou maux aux corps inferieurs :
Dont les effets tardifs agissent perceptibles
Mais pourtant ils ne sont agissans infaillibles,
Tout estant gouuerné par son diuin pouuoir,
Tout ce tout dépendant de son diuin vouloir :
Car il tient des sept corps les fortes influences
Qui n'vsent que par luy de leurs viues puissances :
C'est errer quand tu crois que les dieux impuissants
Sont les premiers moteurs eternels agissants :
Luy seul gouuernant tout par l'accordante guerre
De ses quatre germains qu'en sa main il enserre,
Qu'il anime puissant par accordants discords
Les rendans differents, mais égaux, non plus forts,
Et par vn tel concert, tel conflit douce guerre
Tout s'entretient ça bas, par luy sur ceste terre
Iusqu'à tant que ce tout par deuorans brandons
En rien sera reduit & que tous nous serons :
Que tous les Citadins dont ce terrestre monde,
Soit de vifs, soit de morts confusement abonde,
Seront pour comparoir deuant ce Dieu tout fort,
Huchez par l'Ange helas ! en ce dernier ressort,
Et la des obstinez se verra la malice
Deuant luy marchera la clemence & iustice,
L'vne le rendra doux & l'autre punisseur,

L'vne tout liberal, l'autre plein de fureur,
Et lors ſes bien-heureux, ſes heureux mercenaires
Receuront largement les eternels ſalaires.
Fais Seigneur qu'en ce iour que la mer bruſlera
Qu'en ſon midy plus clair Phœbus s'obſcurcira,
Que les cornets affreux s'entendront des ſainEts Anges
Que des ames des morts ſe ioindront les phalanges,
Tu ſois mon doux Seigneur, ha! mon Dieu que tu ſois
Mon Aduocat & Iuge en ceſte étrange fois,
Alors que l'ennemy ſe rendra ma partie
Que des peruers ſera la dure départie:
Doncques ie luy fis don de mon affeEtion
Quand ma nourrice, helas! liſoit ſa Paſſion,
Encore au parauant auecques la mammelle
Ie ſuçois les douceurs de ſa loy paternelle,
I'en repaiſſois mon ame, encor c'eſt mon plaiſir
Quand ſeulette ie ſuis d'y penſer à loiſir.
Et mon Hymen heureux dans le ſacré parterre
Fut receu puis ce temps & non dans ceſte terre,
Toute plaine d'orgueil, de ſang, d'ambition
Ou pour loix on ſe ſert de ſon affeEtion:
O fauorable amour, ô nopcier Hymenée,
O bien-heureux lien, ô ma douce iournée:
O pudicque amitié, ô Androgine heureux
Qui joints étroitement les ames de nous deux:
Et c'eſt pourquoy ie fuis tes offres & la flame
Que l'archer Paphyen attiſe dans ton ame
Plus que ne faiEt aux champs le lieure, le leurier,
Le pouſſin, le milan, la perdris, l'éperuier:
Et comme vous conteZ de ce chaſte Hypolite
Qui fuyoit ta Venus, ainſi tes feux i'euite
Ne voulant pour mourir maculer ceſt Hymen

Ny briser tant soit peu ce tout sacré lien
Et detestay dés lors ce Dieu que tu adore,
Ton trompeur Iupiter & ton Mercure encore,
Quitte les braue Prince, adore mon IESVS
Qui seul est le vray Dieu, qui reside la sus
D'où vient toute faueur, d'où sans moyen deriue
La source, le ruisseau, le profond & la riue :
Mesme qu'aux plus perdus il se rend gratieux,
Patient, attendant leur retour otieux,
Tout bon & tout clement iamais n'estant seuere
Sinon quand sans espoir il cognoist leur misere,
Son pouuoir est tout grand merueilleux non sans fruit
Pour trompette il se sert du tonnerre qui bruit,
Pour luitteurs & sergents ceste celeste bande
Et mesme ce Sathan à son mot se débande,
Et comme braue ouurier qui s'ayde bien souuent
Aussi bien du mauuais que du bon instrument :
Les Anges ses commis ainsi que les Phocides
Versent cruches de maux sur nos chefs parricides.
Luy seul formant les Roys les donnant aux humains
Tenant l'heur & mal-heur en ses puissantes mains :
C'est luy qui fit Dauid de bergerot champestre
Vn grand Roy d'Israël le vainqueur & le maistre
Qui fit dedans les eaux submerger le grand Roy
De l'Egypte auec luy ses braues son arroy
Et plus pris que preneur, qui fit l'herbe repaistre
Au Roy de Babillon comme beste champestre,
Qui rendit la victoire au douteux Gedeon
Qui bruslant consuma les fauteurs d'Abyron,
Qui grand Roy des combats la blasphemante armée
Du grand Sennacherib débrisa desarmée :
C'est luy qui du clin d'œil bride les mouuemens

E

De l'irrité Nerée & ses flots écumans,
Et par secrets ressorts il faict voir ceste force
Ce pouuoir mérueilleux qui toute force force,
Dépoüillant quand il veut les indignes humains
Des sceptres les mettant en des plus sages mains,
Lequel aux saincts souhaits de ce grand Capitaine
Dans vn mesme degré de la celeste plaine,
Fit sister le soleil vne nuict tout vn iour
Sans voir des Antictons l'opposite seiour,
Et (cas tout merueilleux) ceste prompte lumiere
Fit ferme au droict milieu de sa large carriere,
A fin que ce long iour ostat aux ennemis
Qui des Amorrheans aux coupes s'estoient mis :
Le moyen de pouuoir de leurs chefs homicides
Eloigner par la nuict les glaiues Isacides,
Et lors tous les quadrans furent trouueʒ menteurs
Les ombres arrestans furent iugeʒ trompeurs,
Et ceux qui dessoubs nous n'ont qu'vne croix pour Ourse
Voyant du prompt courrier la trop tardiue course
Crurent estre tombeʒ au tenebreux ressort
Pensoient estre arriueʒ au Cimericque port :
Il ayme fort les grands ses plus vrayes images
Voulant que pour tousiours ils soient exempts d'outrages,
Il veut qu'on les reuere & sans troubler leurs iours
Que iamais de leur vie on n'abrege le cours,
Quand mesmes ils seroient des tyrans des Tyberes
Discholes & cruels plus que ne sont pantheres :
Bref son pouuoir est grand, son renom tout fameux
Qui court par tout encor iusqu'aux Indois gemmeux,
Et ou souffle Boré ses neiges blanchissantes,
Et où le chaut soleil recuit les Garamanthes,
Et encor ou lassé de iournailliers trauaux

Il débride écumeux ses haraßez cheuaux
Et bien que sa grandeur soit incomprehensible
Il se rend toutesfois à chacun perceptible :
Car ne pouuant tomber és lourds sens dés humains
Clairement il paroist és œuures de ses mains,
Si tu le sers crois-moy, de seigneur vn grand Prince,
De Prince Roy seras du monde la Prouince :
Comme toy Paul couroit en Damas outrageux
Pour chasser des Chrestiens le troupeau bien-heureux :
Mais touché du Seigneur, il deuint cas estrange
Vray Chrestien d'infidel aux parolles de l'Ange,
Et maintenant la haut d'vn laurier tousiours verd
Auec le Sainct des Saincts il a le chef couuert :
Comme ton Radamanthe il n'est pas inflexible
Dans le Ciel tout peché tout crime est remißible :
Il est doux, qui tost vient au pardon consentir
Qui ne reiette point le tardif repentir :
Ainsi ces trois grands Roys à mon Dieu trop rebelles
Vindrent de l'Orient, tous croyans, tous fidelles,
Ayans pour leur conduitte en ce chemin fascheux
L'éclat d'vne clarté vn brillant lumineux,
Et maintenant la sus auec les ames belles
Ils iouyßent heureux des gloires eternelles,
Sans auoir obstinez en l'erreur de leur loy
Voulu perseuerer comme on remarque en toy :
Doncques ne te perds pas braue genereux Prince
Dans les confusions ou tu mets la Prouince,
Plustost vien te congnoistre & que l'entendement
Dont mon Dieu te pouruent deßus tous hautement,
Soit vtile à toy mesme à tes subiects encore
Et que dans ce pays seulement on l'adore,
Autrement tu ne peux, tu ne peux mal-heureux

Que tu n'ailles donner contre vn banc perilleux :
Mais comme on voit souuent l'Araigne dont le crespe
Heurté tant seulement par la bruyante guespe
Du plus creux de ce drap d'épargner brusquement
Et donner vne charge à l'animal grondant,
Ou plustost comme on dit que les fieres tygresses
S'irritent du concert de nos voix charmeresses
Des plus doux roullemens, des accords charme-cœurs
Et mesme au doux flairer des meilleures odeurs,
De mesme au doux propos aux sainctes reparties
De la vierge il se meut échauffé des furies
Qui sans fin agitoient de leur triste flambeau
L'esprit & la raison de ce foible cerueau :
Il dépite, escumeux, blasphemant il forcenne,
Il dérompt son habit, il se gehenne de peine
Et comme vn fort lyon dans le cirque poudreux
Qui voit à luy venir le taureau tout ireux,
De sa queuë se bat, reueille ses coleres
Et faict de son gosier déborder des tonnerres,
Foudroyez il cria, trainez & martyrez
Ses membres, tout son corps de verges déchirez,
Qu'elle soit aux cachots d'vne prison obscure
Que de faim & de soif tristement elle y meure,
Que les trauaux cruels, les plus rudes trauaux
Soient pour elle inuentez pour la combler de maux,
Des supplices plus grands que ceux là de Bussire
Soient sur elle exercez pour accoiser mon ire,
Puis qu'elle veut tousiours s'opposer aux autels
Que deuot i'ay dressé à nos dieux immortels :
Les eaux ne sont point tant és hyuers replissées
Par l'orageux Boré, flot sur flot repoussées,
Et iamais la mer n'eust tant de gros d'escadrons

De nageurs és replis de ses moittes sillons,
Et si ne cheut iamais tant de fueille en l'Autonne
Que de coups nous ferons tomber sur ta personne,
Tu as donc disoit-il imprudente legere
Et nos dieux negligeZ & encor ma priere,
Nous te ferons sentir l'aigreur de tant de coups
Et que cest d'irriter d'vn Prince le courroux :
Ie te démembreray déloyalle vipere
Mais chetifue tu n'es digne de ma colere
Tu perds tout auiourd'huy & moy heureux ie perds
L'amour qui m'accablant me mettoit à l'enuers,
Grand cas ! qu'on vit changer, ô trop triste nouuelle
En l'instant c'est amour en haine si mortelle,
O changement cruel, subit & violant
Qu'il le faut dire helas ! außi prompt que sanglant :
Außi print-il naissance en vne ame Protée
Autant a cruauté qu'au changement portée :
,, L'amour qui n'est fondé qu'en l'apetit charnel
,, La fin en est funeste & n'est pas eternel :
O execrable sexe & vous iustes furies
Couleuures, Alectons ardantes aux turies,
Toy Iuppin punißeur qui lances de ta main
Sur Rhodope le mont le soir & le matin
Ne t'en vengeras-tu, que la gourde pareße
N'accompagne en ce iour ton ire vangereße :
Il finit ce propos œilladant furieux
Celle qui luy repart d'vn maintien gracieux,
Ton ire & tes fureurs tes menaßes (dit-elle)
Ne pourront ébranler vne foible pucelle
Qui met tout son secours en son Dieu seurement
Qui te peut foudroyer d'vn clin d'œil seulement,
Qui sera mon aZil, ma targe, ma rondelle

Et m'ira contre tous recouurant de son aisle,
Ne m'épargne donc pas, fay venir tes sanglants
Nourriſſons d'Hyrcanie & ſes cruels Sergents,
Fay allumer des feux, minutte mille eſclandres
Fay dreſſer le bucher pour me reduire en cendres :
Ce m'eſt grande faueur de mourir aux tourments
Les plus inuſitez encores les plus grands :
Le fer la flamme encor, voire le tourment meſme
Ne pourront effrayer n'y rendre le front bleſme
De celle qui ne craint de mourir le doux ſort
De celle qui recherche en I E S V S vne mort,
Ne voulant en cela iouyr d'aucune tréue
Sans fleſchir ie ſoubſtiens & ton fer & ton glaiue,
Ainſi que ferme faiſt le brilleux diamant
Qui le fer tempeſteux ſupporte conſtamment :
Ne deſtourne donc pas ton viſage en arriere
Et ne ſorts de ce lieu pour n'ouyr ma priere,
Ie ne veux rien de toy, ie ne demande pas
Que me veuilles chetifue exempter du treſpas,
La mort eſt peu de cas, la mort tant ſoit amere
Eſt touſiours aux Chreſtiens vne douleur legere,
Elle tranche le cours de leurs douloureux maux
De lauriers touſiours verds couronnant leurs trauaux
Contre elle nul ne doit rapporter du murmure
Puis qu'auec la naiſſance elle eſt de la nature,
La fille & nourriſſon il la faut careſſer
Mais pour vn beau ſubieſt il la faut embraſſer,
Car il ny peut auoir proportion vallable
Des peines d'icy bas à ce bien perdurable :
Alors cas trop larmeux par ſon commandement
De verges elle fut battuë rudement,
On la vit au poteau de cordes attachée

Et sa chair innocente en mille parts hachée,
Ayant dessus son corps tiré premierement
Son habit sans orgueil, son simple vestement
Qui fit voir aux cruels, aux cœurs impitoyables
Ses membres yuoirins pour leurs beautez capables
De serener le front d'vn courage plus fier
Que celuy du Tartare au rude cœur d'acier,
Ou de ceux qui nourris és grottes d'Hyrcanie
De tygresse ont succé la mammelle endurcie,
Le sang en ruisselant empourproit l'alentour
Qui couuroit rougissant de ce lieu le contour,
Allegre elle beuuoit des tourments l'Hypocrene
Comme on boit à plaisir l'argentine fontaine,
En sa face on ne vit arriuer changement
Ny sortir de sa bouche vn souspir seulement :
Mais comme vn forgeron qui coup sur coup martelle
Dessus la dure enclume vne forte quadrelle,
Plus il bat & rebat & plus dure il la rend
De mesme sa constance on voyoit redoublant :
Car ainsi qu'elle estoit de la mort aux attantes
Qu'ils luy brusloient les flancs de flammesches ardantes,
La preschant d'abiurer I E S V S - C H R I S T son seigneur
Et plustost immoler à Iuppin seruateur,
Quoy faisant ses trauaux, ses excez, son angoisse
Tourneroient accoisez en durable liesse,
Que c'estoit vn forfaict digne de ce trespas
Sçachant qu'il est le Prince & n'en releuer pas.
Seigneurs (dit-elle alors) à ceste gent mutine,
C'est en vain qu'on m'exhorte à la loy Sarrasine,
Plustost de tous trauaux i'auray le corps époint
Qu'au deuoir de mon Dieu ie manque d'vn seul point,
Plustost du clair Soleil l'éclairante paupiere

En tenebres tiendra ce vagueux Hemiſphere,
Pluſtoſt à l'Indien ſon coucher il donra
Et l'Alantide mer ſes premiers feux verra,
Pluſtoſt encor les flots du prochain viſte Roſne
Bruyans retourneront en la dormante Sone :
Le feu pendant ce temps ſes ſainéts coſteʒ ardoit
Lequel vn mal cuiſant à ma ſainéte cauſoit,
De cela non ſouleʒ d'vne rage felonne
La peau des beaux coſteʒ de ſa chere perſonne,
Ils tirent ces cruels dont d'horreur ce méchant
Non de compaßion ſe tourna ſe cachant,
Couurant des grands replis de l'habit magnifique
De ſon pourpré manteau ſon viſage horrifique :
Ce fut lors que les pleurs ſortirent abondans
Des yeux de tant d'amis qui ſe treuuent preſens,
Qui s'eſtoient contenus ſans teſmoigner au monde
Qui par milliers eſtoient en ceſte place ronde,
La forte ſyndereʒe & la viue douleur
Que pour ſes cruauteʒ ils conceuoient au cœur,
Ainſi qu'vn flot reclus dans les foibles écluſes
Retient pour quelque temps les ondes y recluſes :
Mais alors qu'il arriue vn orageux torrent
La chauſſée il emporte en moins que d'vn inſtant :
Meſmes les plus cruels ſes plus durs aduerſaires
Furent contraints plorer regardant ſes miſeres,
Vomiſſans au tyran des propos outrageux
Et tout bas deteſtoient l'eſclauage ennuyeux,
Elle rend ce pendant mille graces & mille
Et ce dit du Seigneur la perſonne plus vile,
Elle prioit encor pour leur conuerſion
Es eſpraintes qu'elle eſt de ſon affliétion :
Monſeigneur remets leur ceſte offence mortelle

Pour ce ne les condamne à la gehenne eternelle,
Ainsi de l'estomach qui ne s'offence pas
Bon qu'il est pour vn temps des excez d'vn repas,
Ains change promptement en bonne nourriture
Le Chile ja peccant, tant bonne est sa nature :
Mais voyant ce brutal que c'estoit pour neant
Qu'il ne la trauailloit assez cruellement,
Les ongles de ses doigts (chose trop lamentable)
Par quatre executeurs au cœur impitoyable :
Il luy faict arracher & ce nouuel effort
Luy fit lors ressentir les peines de la mort,
Prens garde (disoit-elle) ô Seigneur & ne laisse
Ta chetifue à ce coup en si cuisante angoisse,
Qui va pour ton sainct Nom à ceste heure finir
Fortifie mon cœur pour faire vn beau mourir,
Adioustant (cher Seigneur) de qui les mains diuines
Endurerent les clouds pour choses trop indignes,
Faites que ressentant comme vous en mes mains
Des douleurs i'aye part à vos biens sur humains.
Sainctes & belles mains innocentes, diuines,
Artistes des flots doux & des ondes marines,
Dignes mains pieds sacrez pour moy de clouds ouuers
Qui fustes transpercez par des hommes peruers,
Indigne ie vous baise en esprit à ceste heure
A fin qu'en moy la marque eternelle en demeure,
Que par le vif object de ses clouds dans mes mains
Ie puisse dans mon cœur sentir vos clouds emprains,
Que ma mort à la vostre aye quelque semblance
Tout ainsi qu'il vous plaist d'autruy lauer l'offence
Par ce sang pretieux pour moy, las ! espanché
Faites que celuy-cy repurge mon peché :
Cela deuoit saouler ses ames ennemies,

F

Cela pouuoit calmer les fureurs des furies :
La rage d'Olibrius pourtant n'amoindrit pas
Ains luy faict rechercher quelque nouueau trespas,
Ainsi le loup entrant au desceu des bergeres
Dans les toicts mal fermez de ses dents carnassieres,
Tuë tout le troupeau, la brebis, le petit
Et tout cela pourtant sa rage n'alantit :
Car pour plus l'affliger dans la triste demeure
D'vn tenebreux cachot on la trainoit sur l'heure
Dedans tout ce cachot la puanteur s'espand
La dedans est l'horreur & le pesteux serpent :
Mais Dieu qui prend soucy des ames bien fidelles
Vint appliquer le baume à ses playes cruelles,
Faisant que le Soleil tres-clairement reluit
Et que dans la prison on ne voit plus de nuict,
Ainsi dedans les ceps ce Prince de l'Eglise
Par le Seigneur fut mis de captif en franchise,
Son corps sentit alors vn emplastre si doux
Que Seigneur il ne peut estre faict que de vous
Qui tenez dans vos mains les vertus secourables
De tous medicaments aux humains admirables,
Son esprit trauaillé s'affligeoit pour le corps
Ressentant du Seigneur les remedes si forts,
Encore se resout d'endurer toute sorte
De tourments pour son Dieu qui luy faict telle escorte :
Mon fidelle IESVS (disoit-elle) au grand Dieu
Qui te rends secourable en l'obscur de ce lieu :
Comment aurois-ie bien miserable chetiue
Pour ces legers excez , ou pour ma voix plaintiue,
Ou pour mes vœuz encor auoir donné subiect
Auoir bien merité de vous diuin object,
Pardon cela n'est pas c'est de ta grand clemence

Les coustumiers effets de ta grand bien vueillance :
C'est à tort que l'humain s'attribuë l'effet
De l'œuure de ses mains d'vn ouurage parfait,
Immediatement tout bien vient de ta grace
Archetype si grand qui tout autre surpasse
En pouuoir, en bonté, qui donnes promptement
A mon corps tout nauré, le doux medicament
Consolant mon esprit troublé d'impatience
Lequel en mon trauail ma serui de deffence,
Qui portes en vn temps pour le salut humain
En la dextre le fer, l'emplastre en l'autre main,
Qui ne prescripts iamais aux humains des detresses
Plus fortes que ne sont leurs humaines foiblesses,
Aussi tu m'as ouy en ce larmeux discours
Et soudain i'ay receu le paternel secours,
Doux Seigneur qui me rends mes attantes contentes
Et mes mal-heurs passez en des ioyes presentes :
Mille graces ainsi, mille remerciments
De sa bouche couloient mille propos feruents,
Quand du Soleil flammeux la rouante chandelle
Ouurit le beau brillant de sa flamboyante aisle,
Et la nuict écoulée Apollon vint riant
Du sein de sa Thetys du perleux Orient :
Lors le bon Theophil de Dieu seruant fidelle
Oyant de ses discours toute nuict la nouuelle
Accusoit la rigueur l'extreme cruauté
De l'impiteux Payen & sa déloyauté,
Duquel le cœur dolent en mille pars se playe
Et s'afflige & se fend en mille & mille playe
De voir tant de rigueurs s'exercer en ses lieux,
De voir tous ses excez proposer à ses yeux,
Et au desceu duquel il fit porter à Rheyne

Et du pain & de l'eau pour soulager sa peine
Et la fortifier, comme de Daniel
Qui se sentit repeu par vn Ange du Ciel,
Alors qu'en Babilon destiné pour pasture
Il estoit aux lyons en la cauerne obscure.
Vne Colombe alors, ains vn Ange flammeux
Vint se couler d'enhaut soubs ce voille plumeux,
Qui par belles raisons de sa saincte parole
Et par riches discours doucement la console,
La resout d'endurer les tourments plus cruels
A fin de s'acquerir les plaisirs eternels,
Et remplir vne place au vuide du rebelle
Dés Anges deserteux en la gloire eternelle,
Que la perseuerance en ses aspres douleurs
Seule coronneroit ses bien-heureux mal-heurs,
Que les plus petis biens de ce sainct heritage
De ce doux Paradis surpassoient leur outrage
Meritoient de combattre vn monde d'ennemis
Meritent qu'on s'expose allegre à tous ennuis,
Que foible est cest effort, que doux est le martyre
Plus riche estant le bien qu'en sa perte elle tire :
Alors toute animée en ceste affection
Ce beau mourir estant sa seule ambition,
Elle void arriuer les quatre sanguinaires
Les quatre executeurs les bourreaux ordinaires
De tant de saincts martyrs, auec mille sergents
Qui pour les trauailler sont tousiours diligents,
Et ouurent par fureur des portes la derniere
Où se trouue la saincte à genoux en priere :
Du sainct signe de Croix elle s'arme à l'instant
Qui r'asseure du tout son esprit tremblotant,
Et comme maintesfois le berger dans les prées

Lors que de iaune-vert elle sont diaprées,
Tout lassé de trauail à trauers il s'espand
Pour y prendre repos apperçoit le serpent,
Fremit à cest abord, ainsi fut lors ma saincte
De tremoussante peur en cest abord attainte,
Tres-bel en vint son front & plus vermeil son teint
Cela n'y la prison ne l'ayant pas deteint :
Aussi-tost la voyant chacun d'eux s'esmerueille
Disans que sa beauté reluisoit nompareille,
Que tant & tant de coups dont son corps mi-mourant
Auroit esté haché, on n'en voit seulement
La seule cicatrice, ils la nomment sorciere
Qui par charmes sçait bien de guerir la maniere
Et luy tenans encor mille propos vilains
Voulurent garrotter ses innocentes mains,
Ses mains plus que le lys & plus blanches encore
Que la dent de celuy qui le Soleil adore :
Helas ! gardez cruels ses cordeaux rigoureux
Pour ceux qui de la mort le secours desireux,
Craintifs voudroient fuyr, les mains ie me reserue
Estant Rheyne de nom ie ne veux mourir serue :
Mais sans auoir égard à ce trait geneteux
Sans en prendre pitié, ses gens trop mal-heureux
La tirent rudement, la meinent lamentable
Deuant vn muis plain d'eau de la noyer capable :
O Dieu (dit-elle alors) qui prenez soing de nous
Et en nous punissant estes encores doux,
Bien qu'indignes pecheurs, qui n'estes point seuere
Que pour nostre salut, secourez ma misere,
Secourez-moy mon Dieu Seigneur que tous les iours
Ie reclame en mes maux, soyez en le secours.
Si la saincte Iudith ceste vaillante vefue

F iij

Au sang d'Azur osa tremper le iuste glaiue,
A ceste heure de mesme, à ceste heure immortel
Faites qu'en ces frayeurs ie vous épreuue tel,
En estonnant la peur qui se campe en mes veines
Comme elle m'asseurant en ses frayeurs humaines,
Et que l'eau dont l'on va ce foible corps noyer
Soit laué du peché pour iouyr du loyer,
Que tu donnes propice à tes martyrs doux pere
Les comblant du plaisir qui sans fin les prospere,
Par ta douce presence estallant à leurs yeux
Le tout diuin obiect de ton œil precieux :
Car les saincts Citadins les throsnes & les Anges,
Les puissances encor & les sçauants Arcanges
Sont de tous les plaisirs comblez parfaitement
Quand ta diuine essence ils voyent clairement,
S'unissans en icelle, ainsi comme la forme
S'unit à la matiere & ainsi que se forme
Le cachet dans la cire essentiellement,
Dont la gloire aux heureux paroist abondamment :
Car ça bas ce n'est rien, l'on ne voit ceste face
Que par reflection comme dans une glace
Et nos rais visuels tant foibles en clarté
Ne pourroient soustenir l'éclat de sa beauté :
Aussi le Ciel ta mis entre tant de bellesses
Et nous comme un rideau iugeant de nos foiblesses :
Ainsi l'Hebrieu ne peut le front tout rayonneux
De Moyse endurer, ny son chef lumineux,
Quand au retour d'Oreb de la saincte montagne
Il reuoila son front en la seiche campagne :
Cependant de cordeaux & ses pieds & ses mains
Sont encores liez par ces garoux vilains :
Apres de grand fureur & de rage felonne

Dedans ce grand vaisseau plongerent sa personne
A fin de la noyer on voit l'eau rejaillir
Qui ne veut (diroit-on) comme iceux l'assaillir.
Puis armez de fourchons en leurs dextres sanglantes
Tiennent son corps au fond de leurs fourches poignantes:
Mais alors tous les ceps dont ses mains & ses pieds
Auoient esté deuant étroitement liez,
Tous brisez dessus l'eau se virent (chose belle)
Et son corps échapper de la fourche mortelle,
Dont l'impiteux Payen s'écria hautement
Que conduitte elle soit sur le mont promptement
Pour estre decollée & la prendre vengeance
De son crime pesteux de sa folle croyance:
Ce sera l'Hecatombe à nos dieux irritez
Et des tourments encor par elle meritez,
Le trop doux chastiment puissent-ils tousiours croistre
A tous ceux qui voudroiët nos grãds dieux mécongnoistre.
Pardonne moy lecteur si ceste part tu vois
D'vn œil moüillé le sang ruisseler tant de fois
Sur ce sacré fueillet s'il s'entend tant de plaintes
Ses rigueurs ne pouuant autrement estre peintes.
En fin l'on la conduit sur le pendant du mont
Ou tout le peuple épars s'amassoit en vn rond,
Detestant ce forfait, maudissant l'esclauage
D'Olibre le tyran qui les tient en seruage,
Parmy eux elle alloit ayant les yeux baissez
Parmy ces Citoyens en grands monceaux pressez:
Ceste grande beauté dont le Seigneur la doüé
Plus beaucoup que deuant paroist dessus sa ioüé
Esclaire plus lustrée & proche du trespas
Es termes de mourir on y void plus d'apas,
Ainsi le signe alors plus doux se faict entendre

plus doux rend ses couplets sur les bords de Meandre
Quand de plus prés il voit l'Acherontide bord
Quand plus prés il ressent les termes de la mort :
De mesme de Phœbus plus douce est la lumiere
Quand au soir il fournit sa penible carriere,
Quand moins ardant son dard il commence à baisser
Quand lassé chez Thetis il se va reposer :
Chacun en prend pitié le remords dedans l'ame,
Sa vertu meut les vns, le regret les entame
Les autres sa ieunesse & tous blasment le sort
Qui l'entraine innocente à si funeste port.
Plorez dit-elle alors vostre peché damnable
Et non ma belle mort au Seigneur agreable,
Le Cigne quand il meurt se plaint mais vainement :
Mais moy ie sçay mourir sans plaindre mon tourment
Gardant à mon espoux ceste ame prisonniere,
Pour sans pleurs la fournir à mon heure derniere :
Aussi ie ne pourrois tesmoigner par mes yeux
Qu'en ce tragic excez mon cœur fut soucieux
Suyuant mon beau Soleil comme ceste Clytie
Que l'on dit en nos champs en soucy conuertie,
Suyure iusques au soir son Soleil par amour
De mesme mon Seigneur ie te suiuray tousiour,
N'ayant laissé pourtant en ma peine soufferte
De pleurer au dedans vostre certaine perte,
Vostre mal-heur helas ! qui vous suit pour tousiours
Si bien-tost ne cherchez de IESVS le secours :
Alors elle deuance en asseurée alleure
Le bourreau qui la tire à vne mort si dure,
Son sur-col entre-ouurant ne vouloit que la main
Bourrelle la touchat, puis presenta le sein,
Parurent deuant sous ses chastes mammelettes,

Se virent

Se virent deuant tous rondes comme pommettes,
Puis ses genoüils ployez, ses yeux au firmament
Requit Dieu que son ame au partir du tourment
Il reçoiue à iamais dans son Ciel, qu'il efface
Ses fautes tout clement & que bien-tost il face
A l'innocente troupe abandonner leurs dieux
De Sathan arrachant le charmé de leurs yeux.
Flairant lys de beauté (dit-elle) que i'honore,
O essence parfaicte & belle sur l'Aurore,
O bel astre de vie, ô delicieux fruict
Deffends-moy de l'horreur de l'eternelle-nuict.
Elle veut acheuer, mais alors l'on luy tranche
Son beau chef rayonnant qui contre terre panche,
Qui d'vn cercle éclairant alors l'enuironna
Et autour de son front clairement brillonna,
Qui soudain disparut, alors que du sainct basme
Dedans les clairs planchers se repeut sa belle ame
Et lors doncques, alors ceste dure Atropos
En vn temps entomba & ses maux & ses os
Et ce teint tout vermeil & son visage d'Ange
Fletrist, paillist, iaunist, se defaict & se change:
Mais (cas tout merueilleux) la terre lors trembla
Et tout ce bas pourpris d'étonnement combla,
Qui fit de ses peruers les ames plus rebelles
Tremblotter au dedans comme les colombelles,
Et le peuple en alarme, alors vint s'émouuoir
Et du grand Dieu viuant cognoistre le pouuoir,
Huict cens cinquante alors demandent que du cresme
Ils soient auant leur mort rauiuez au baptesme,
Abiurants leurs faux dieux, demandans par desir
Le martyre au tyran, la crainte vient saisir
Ce méchant quand il vit les siens en sa presence

G

Quitter sans nul respect de ses dieux la croyance,
Doncques sans acheuer sa derniere oraison
Son esprit s'enuola dans la saincte maison
Pour auoir le loyer à ses vertus prisées
A son martyre encor és plaines Elysées,
Où sont mille iardins qui dix mille beautez
Estallent à ses yeux en leurs diuersitez,
Où les rameaux garnis de feuilles immortelles
Ne s'éfeuillans iamais couurent mille tonnelles,
Où les oyseaux nichez leurs fredons doucereux
Marient aux accords des esprits bien-heureux :
Mille Louures encor, mille places Royalles
Et mille Escurias garnis de riches salles
Où les voûtes sont d'or, d'argent les fondements,
Les meubles de rubis, les murs de diamants,
Les couuerts de saphirs, où l'escarboucle encore,
Les lambris de clarté brillonnement redore :
Duquel la grand lueur parmy ses raretez
N'égalle la splandeur de ses grandes clartez,
De ses brillans esprits, de ses lumineux Anges,
Des flammeux Cherubins & des flambans Archanges,
Des luysans Seraphins, des throsnes des vertus
Et des autres esprits de lumieres vestus,
Où les Apostres sont, des martyrs les armées
Dessous le doux printemps des plus vertes ramées:
Des mirthes odorans, du palme, du laurier
Et soubs le cedre ombreux, encor soubs l'oliuier
Des Anges assistez qui par douce harmonie
Inuentent de nouueau les plaisirs à leur vie :
Bref ce beau Paradis est vn repos si doux
Vuide de tous trauaux qui n'est faict que pour nous,
Où rien n'est moins flairant que l'odorante rose,

Où tout climat produict en tout temps toute chose,
Où sur mesme arbrisseau sont les fruicts non trop vers
N'y trop meurs, mais encor en bonté tout diuers,
Où iamais de l'hyuer la frilleuse criniere
Et ou la nuict iamais ne ferme la paupiere,
Où la pasle terreur la douleur n'y la mort
N'ont comme icy maistrise & ne tiennent ressort,
Où le gaillard printemps eternel dans les prées
Embaume flaironnant les celestes contrées,
Où la faim, ny la soif, ny les vents, ny les Nords
L'appetit sensuel ne faict guerre à nos corps,
Bref tout est agreable en ce sainct exercice,
Tout estant, tout exquis en si riche edifice
Où les contentemens, les ioyes, les plaisirs
Sont si grands qu'il ne reste aux heureux des desirs :
Chacun estant contant en ce lieu delectable
Du bien qu'il sent heureux en ces lieux innombrable,
Fais Seigneur que i'emplisse en ce sacré seiour
Le plus humble recoin pour t'y loüer tousiour,
Où les heureux bourgeois transparants plus-que verre
Ne seront composez de masse Elementaire,
N'y d'vn limon fangeux comme Phœbus tres-clairs
Agilles & plus prompts que les subits éclairs,
Dont l'Occident reçoit aussi-tost la lumiere.
Qu'à peine en l'Orient reluit-elle premiere :
Impassibles, tous beaux, sans patir agissans
Immortels pour tousiours du grand Dieu iouyssants,
Encor ie te supply qu'en si sainctes contrées
Ie cueille les plaisirs des durables iournées :
C'est trop muse, c'est trop, ne recherche le fond
Des abismes sacrez, c'est vn puits trop profond,
Ton œil encor foiblet en si diuers spectacles

Rebouche regardant de si brillans miracles,
Et ne pourront helas ! pourtant & tant d'obiets
Fournir ny les nombrer auec si peu de gets,
Et s'il faudroit anter à tes costez des aisles
Plus fortes que ne sont celles des colombelles
Pour voller en Eden, pour crayonner le beau
Qui se treuue infiny sur si riche tableau :
Crainte qu'en approchant les beautez paternelles
Ne fonde à leur chaleur la cire de tes aisles,
Quitte donc ses beautez du celeste plancher
Qu'il vaut mieux mille fois admirer qu'éplucher,
Qu'aucun fils d'Apollon n'a iamais bien tirées
N'y par ses vifs crayons dignement figurées,
Que cœur onc ne conceut, dont l'œil ne peut iouyr
Et qu'aureille icy bas ne peut iamais ouyr,
Pour n'auoir recongnu d'vn si riche modelle,
Pour n'en auoir apprins qu'vne sourde nouuelle,
Et puis ce grand ouurier, c'est ouurier trois fois sainct
A mieux faict c'est Eden qu'il ne peut estre peint.
Sans donc guinder plus haut, ny ton vol, ny ton aisle
Retourne (ma Clion) à ta saincte pucelle,
Dont le chef virginal à terre palpitant
Alloit tout le contour de ce lieu sanglantant,
D'où print source délors vne claire fontaine,
Vn eau, vn sainct surgeon, vne douce Hypocrene,
Qui d'vn plaisant murmur & d'vn plis serpentin
Arrouse les verds prez d'vn coulant argentin,
Sur le menu grauois y murmure & sautelle
A mille petits bonds d'vne course immortelle,
Prenant son origine encore au mesme lieu
Où son chef decollé fut sacrifice à Dieu :
Laquelle eau par vertu energique donnée

Par le premier moteur de puissance ordonnée,
Produict miraculeuse aux pauures pelerins,
Qui deuots pour guerir s'exposent aux chemins,
La santé desirée en vsant en memoire
De ceste saincte, estant la sus en pleine gloire,
Apres estre contrits & confets vrayement
Qu'ils ont esté repeus du celeste aliment,
Se rendant l'aduocate és gloires eternelles
Pour les pauures pressez d'infirmitez mortelles,
Que la vertu de l'eau l'intrinseque instrument
Serue d'applicatoire à leur mal vehement :
Ainsi le bon Naaman grand prince de Sirie
Dans le fleuue Iordain fut de sa ladrerie
Parfaitement purgé & lors son corps reprit,
Autre chair, autre sang, autre force, autre esprit,
Au sacré texte encor, on lit que la Picine
De son eau guerissoit par la vertu diuine :
Celuy qui le premier au troublement de l'eau
De l'Ange se iettoit és détours de ceste eau :
Mais ne seroit-ce point ceste source mistique
Qu'Esaye autrefois d'vne voix prophetique,
Promettoit, nous disant, vous puiserez des eaux
En ioye & en liesse, en des sacrez ruisseaux,
Où bien quelque surgeon de Siloé le fleuue
Qui par lieux soubs-terrains par quelque sente neufut
Sourceroit ceste part, resteroit pour guerir
Prolongeroit le terme aux humains de mourir.
Non non, ains Dieu, qui seul à raison des prieres
Que ceste saincte rend pour nos tristes miseres,
Donne grand Esculape à guerir le pouuoir,
Comme à secondes cause, à ce noble lauoir :
Meruilleux en ceste eau qui n'estant point tirée

Par les canaux nitreux de veine sulphurée :
Comme celles de Poug, de Bourbon, de Vicy,
Celle de Perigort, de Cransac en Quercy,
Guerit comme i'ay dit par vertu supernelle
Tous corps alengouris d'infirmité mortelle,
Tous membres carieux déplorez sans recours,
Corps histiomenez, n'ont ailleurs du secours,
Le gouteux, graueleux, l'hernieux, l'hydropique,
L'vlceré, l'oftalun, le sourd, le scyaticque,
Et tous ceux que l'on tient déplorez deuenus
Rouges du fascheux mal de la salle Venus,
Encor qui sont gehennez de calcul, de iaunisse,
Aux infœconds encor ceste eau leur est propice
Et contre d'autres maux, qui tantost d'vn pas lent,
Tantost d'vn pas subit trainent au monument,
Tout contraire aux poisons, source toute diuine,
Quel ius, quel simple encor, où bien qu'elle racine
Esgalle tes vertus tous ensemble n'estans
En leurs efforts vnis pour t'égaller bastans,
Vn seul mal vn guerit, guerissant il bourelle
Et en nous bourrelant d'vne peine cruelle,
Encor épuisent-ils par leurs lentes longueurs
Plustost d'or nos buffets que nos corps de langueurs,
Admirable surgeon, veritable momie :
Mais plustost l'œuure grand de la grand Spagirie
Qu'Albert & Lule encor en leurs liures diuers
Promettent aux humains par leurs termes couuerts,
Vray Moly, vray Nepenthe & vray present celeste
Donne biens, chasse soing & tout charme funeste,
Vray nectar qu'Hebe verse au hanap sur-humain,
Se verse le versant de sa diuine main :
Muse ie titerois les resnes à ta course

Et reſtraindrois de prés c'eſt eſlan qui te pouſſe
A ſonder le profond, à nombrer les vertus
Dont ſes eaux, ſes ſurgeons ſe treuuent reueſtus,
Et croirois fermement ſes cures eſtre fables
Et toutes ſes vertus du tout eſtre incroyables,
Sans l'honneur & reſpect que ie porte & ie doy
A perſonnes de nom d'irreprochables foy :
Le tout comme i'ay dit par la vertu premiere
Qui facille ſe rend à l'inſtance & priere
De ma ſaincte, car nul des ſaincts martyrs ne peut
Verſer de deſſus nous ſinon ce que Dieu veut :
Auſſi que de mes yeux les fidelles lumieres
Ont veu deſſus les lieux les gueriſons entieres,
Es membres déplorez, des corps demy-pourris
Qui ſains tous loüans Dieu s'en ſont allez gueris
Et certes ceſte part, ma trop debile muſe
Honteux ne pouuant pas ſatisfaire i'accuſe :
Mais qui pourroit nombrer tant de cures qu'on void
Dans Alize arriuer, au Bourguignon détroit,
O bains, donc rares bains, ſources medicinales
Qui ne vous nourriſſez de ſources minerales :
Celeſtes medecins, ſalut non achepté
Empirique épreuué, fontaine de ſanté
Que n'ay-ie le ſçauoir, que n'ay-ie la ſcience
Pour porter vos vertus plus loing que noſtre France :
Ma ſaincte c'eſt pour toy, que par tout l'vniuers
L'on cherit leurs vertus, que ie trace ces vers,
Que tant d'hommes venants de toutes parts du monde
Chacun an dont ce lieu fœcondement abonde,
Par tes vœus ſont gueris miraculeuſement
Qui rend le ſpectateur tout plein d'étonnement,
Dieu eſtant merueilleux diſent les ſaincts Prophetes

En ses sainEts par iceux receuant nos requêstes,
Quand iustes elles sont & quand nous nous rendons
Dignes de ses faueurs qu'humblement demandons,
Mais ne verray-ie point tes murailles leuées,
Ne verray-ie iamais tes beautez releuées,
Tousiours croupiras-tu surgeon medicinal
Dedans l'humble reclus de ton estroit canal,
Quelque deuot seigneur, où quelque saincte dame,
Touchez parfaitement iusqu'au vif de leur ame,
Ne respandront-ils point du bien que l'argement
Le Seigneur leur fournit pour ce sainEt bastiment,
Qui seroit à leur nom vne fameuse gloire
Marquant de pieté pour iamais leur memoire.
Et vous peuples deuots qui sans fin accourez
Pour auoir guerison à ces ruisseaux sacrez :
Méprisans les dangers des voleurs l'artifice
Aydez par vos bien-faiEts adresser l'edifice,
Le tout pour d'autant plus orner plus hautement,
La gloire du Seigneur eternel fondement,
Et puis rien n'est ça bas ou tout est transitoire
Qui plus face durer la mourante memoire
Des beaux faits des vertus, qu'alors que richement
On delaisse icy bas quelque sainEt bastiment,
Par la vous obtiendrez les fins de vos requêstes
Et la haut dans le Ciel vos couronnes sont prestes :
Ma muse arreste-toy de ce ruisseau le cours
Te iette sans penser en des mers de discours,
Sans doncq plus haut singler dessus ces plaines molles
Gaignons le port aimé, donnons fin aux parolles.
Repose donc en paix belle Vierge tousiours
Tousiours élargissant aux malades secours,
Par intercessions, par tes aydes feruentes,

Par tes merites grands, par tes playes sanglantes
Et que tous affligez de langueurs qui vers Dieu
Et vers toy de vray cœur recourront en ce lieu
Reffentent par ces eaux les douces allegeances
Qu'ils doiuent efperer de leurs fortes puiffances,
Affin qu'eftans gueris de leurs maux langoureux
Ils t'honorent la haut comme efprits bien-heureux,
La haut ou mille fois font les loges plus belles
Que des Efcuriaux les demeures mortelles :
Mais en fin ie te rends, ie te rends ô grand Roy
Les graces que ie puis, non celles que ie doy
D'auoir conduit bening aux rades defirées,
Parmy le fer, le fang, mes rames efforées :
A toy Vierge pardon, fi ie n'ay de nouueau
Crayonné dignement de ta mort le tableau,
Trop riche eft le fubiect que i'offre à la memoire
De IESVS dont ie n'ay pour obiect que la gloire.

Laus Deo adiutori Authori immortali,
I. B. DARDAVLT.

ODE

SERVANT AVX MALA.
DES DE PRIERES.

Comme par onde recourbée
L'odeur de l'encens precieux,
Riche present de la Sabbée
Va s'éleuant iusques aux Cieux,
Qu'ainsi mes souspirs & mes plaintes,
Mes cris & mes larmes non feintes:
Apres tant de cuissons diuers,
Rheyne du Ciel, douce merueille
Puissent par toy toucher l'oreille
Du Monarque de l'vniuers.

Que les mal-heurs, que la tempeste,
La douleur & les accidents,
Qui sur mon corps & sur ma teste
S'ahurtent desia trop ardants,
Soient dissipez en moins d'vne heure
Et que plus las! ie ne demeure
En ces excez, en ces douleurs,
Que plus sur moy ie ne ressente
L'aigreur de ta main punissante
Me deliurant de ces rigueurs:

A MONSIEVR

DARDAVLT SVR SON HISTOI-
re de saincte Rheyne.

Ainsi que l'eau d'Alize en miracles abonde
L'eau de ton Hypocrene en est toute fœconde
(Effects de saincte Rheyne, & de tes vers tous saincts)
Vos miracles ont pris nos cœurs par nos œillades,
Les siens sont ressentis des corps qui sont malades
Et les tiens se font voir aux esprits qui sont sains.

DE MAILLIET.

A MONSIEVR

DARDAVLT SVR SON HISTOI-
re de saincte Rheyne.

*D*Ardault ta muse est saincte, aussi le Dieu du Ciel
Coule dedans tes vers la douceur de son miel
Et se plait au labeur de ta loüable peine,
Si bien que pour loyer de ton los merité
Il te fraye vn chemin à l'immortalité
Où tu seras conduit par ceste saincte Rheyne.

R. EDENIN sieur de la Belliniere gentil-
homme Blaisien, de la maison de la
ROYNE MARGVERITE.

Comme l'Aurore aux doigs de roses
Et les rais du Soleil leuant
Chaſſent l'obſcur de toutes choſes
A leur retour doux arriuant :
Ainſi chaſſez par vos prieres
L'aigreur de nos triſtes miſeres,
Doux Soleil venez moy remplir
Vos threſors pour ſi rares choſes
Qui me ſeront d'iceux écloſes
Pourtant ne pourront defaillir.

Autrefois dedans l'Ydumée
Au peuple ingrat m'écongnoiſſant
Et parmy toute la Iudée
Vous alliez chacun gueriſſant,
Grand Dieu voſtre pouuoir encores
N'eſt pas moindre qu'il eſtoit ores
Touſiours immuable Seigneur
Comme Anges pour graces receuës
Plus ne pouuans dedans les nuës
Ca bas nous vous loürons Sauueur.

Fay le doux pere ie te prie
Dont la douceur par-ſus nous luit
Ainſi que de Pan faict l'Amye
Parmy le brun d'obſcure nuict,
Ce ſeront autant de trophées
De couronnes riches priſées
Pour ta gloire mon ſouuerain,

Qu'à ta douce misericorde
I'appands humblement que la corde
De mon Luth sonnera sans fin.

AV LECTEVR.

Lecteur, i'ay pour objet l'honneur de mon grãd Dieu,
C'est tout ce que ie cherche en ce terrestre lieu
Et ceste verité donne ame à mon histoire,
La fureur d'Apollon ne m'a pas animé,
La poësie est vn champ que ie n'ay point semé
Aussi ie n'en attends la moisson de la gloire.

DARDAVLT.

Fautes arriuées en l'Impréßion.

Au feuill. 5. au lieu de liure 2. faut lire, liure 7.
fol. 8. à fin, faut lire affin, fol. 14. courrisans,
courtisans, fol. 16. naissant, faut lire, qui naissant
fol. 20. l'espoux, faut le poux fol. 22. apprit, faut
prit fol. 22. les yeux, faut leurs yeux, fol. 24.
voûte, faut voix, fol. 28. fiché, faut fixe, fol. 30.
écartez, faut mon repos, fol. eod. vont, faut veut
fol. 33. luitteurs, faut lire licteurs.